9 Mars 1891

ALLOCUTION

PRONONCÉE

Par M. l'abbé BLANC

VICAIRE A LA CATHÉDRALE DE DIGNE

POUR LE MARIAGE DE

Mlle Jeanne EYSSERIC

AVEC

M. Édouard SARLIN

SOUS-INSPECTEUR DE L'ENREGISTREMENT ET DES DOMAINES

A SAINT-GIRONS

———

DIGNE

—

IMPRIMERIE CHASPOUL, CONSTANS ET Ve BARBAROUX

MADEMOISELLE,

MONSIEUR,

Il est des jours qui font époque dans la vie humaine. Parmi ces jours bénis entre tous, il en est un que l'homme n'oublie point, quelle que soit la puissance du temps: c'est celui où la divine Providence met sur sa route un autre cœur qui le comprend, qu'il aime, qui répond à son amour et dont rien désormais ne saurait le séparer.

Ce beau jour s'est levé pour vous, Monsieur et Mademoiselle, malgré votre jeunesse passée loin l'un de l'autre. Tant il est vrai qu'il n'y a pas de distance pour les âmes quand Dieu a résolu de les unir !

Et bientôt dans ce sanctuaire, sous la main du prêtre qui va vous bénir, en présence de vos parents, de vos amis, témoins de la foi jurée, sous le regard des anges qui vont vous accompagner au loin sur les bords de l'Ariège, — vous allez prendre des engagements aussi sacrés que l'autel qui en est le dépositaire, aussi saints que le Dieu qui les reçoit, et jamais aucune force humaine ne pourra s'arroger le droit de les briser.

C'est donc un moment décisif. Vous n'allez prononcer qu'un mot bien court, et désormais vous aurez le même nom, les mêmes sentiments, les mêmes joies, les mêmes peines, le même amour confondu dans une seule existence.

Permettez-moi de vous en féliciter l'un et l'autre.

« Dans le mariage, dit Ch. Ozanam, il y a autre chose qu'un contrat : par-dessus tout, il y a un sacrifice, ou plutôt un double sacrifice : ce sont deux coupes : dans l'une se trouvent la modestie, la pudeur, l'innocence ; dans l'autre, un amour intact, le dévouement, la consécration immortelle de l'homme à celle qui devient sa compagne, et il faut que les deux coupes soient également pleines pour que l'union soit sainte et que le ciel la bénisse ! »

Ces paroles sont justifiées en vous. Quand on aime, on se dévoue ; quand on aime, on se sacrifie.

Monsieur, vous n'avez qu'à consulter votre

cœur, et il vous dictera l'amour que vous devez avoir pour votre future épouse. En elle, vous avez découvert l'idéal élevé que vous cherchiez. Vous montrerez à tous que le dévouement marié à la foi chrétienne peut faire des merveilles.

Vous étiez orphelin, vous ne serez plus seul. Remerciez Dieu de vous donner une compagne qui a reçu du ciel une bonté généreuse, une tendre amabilité, une étonnante énergie pour affronter les pas quelquefois difficiles de la destinée. Son père vous confie le sort de son enfant chérie. Elle a grandi sous ses yeux, à côté de la plus parfaite des sœurs, pour qui nous avons prié ici même, il y a quelques mois, et d'un frère qui a la franchise dans l'âme, la générosité dans le cœur, et qui, avec les ressources ingénieuses de son esprit, ne s'endort pas dans les ennuis d'une jeunesse oisive.

Ne soyez pas surpris, Monsieur, si nous connaissons si bien les qualités qui vous distinguent, vos facultés intelligentes et laborieuses, auxquelles vous devez une situation pleine d'avenir, et surtout la délicatesse de vos sentiments vis-à-vis de vos parents... Ah! Monsieur, les parents..., c'est d'eux que nous vient ce que nous avons de meilleur.

Une indiscrétion nous a dit les jours de votre jeunesse, écoulés dans le sentier du devoir et de l'honneur chrétien.

Elle nous a appris cette attention affectueuse pour votre sœur, depuis la mort de votre père, dont la mémoire remplit encore ce pays.

Elle nous a révélé votre piété filiale, à la fois baume suave au cœur de votre père et doux collyre à ses yeux voilés d'abord à la lumière avant d'être fermés pour toujours.

L'on n'a pas à se demander ce que vous serez : votre passé répond de l'avenir. C'est l'espérance de ceux qui s'intéressent à votre alliance. C'est la force de votre beau-père dans le sacrifice qu'il s'impose. C'est la pensée qui donne la confiance à tous ceux qui vous connaissent.

Quant à vous, Mademoiselle, depuis longtemps je vous vois agir. Je pourrais vous faire bien des compliments, mais votre âme n'en a pas besoin et votre humilité en souffrirait. Si je ne me mettais en garde, je dirais le charme de votre piété éclairée, la pureté et l'élévation de vos sentiments, ce parfum du cœur qui, en vous attachant au meilleur des pères, à la plus tendre des sœurs, au plus affectueux des frères, vous a fait connaître la pratique des vertus sérieuses. L'habile direction donnée à votre esprit et à votre âme par des maîtresses d'élite, les bons exemples de la maison paternelle vous ont préparée à votre nouvelle mission.

Je sais que vos parents m'interdisent en ce moment votre éloge public. Aussi bien, il est sur toutes les lèvres, et, si je ne veux pas imposer à votre modestie ce supplice de la louange, je désire pourtant faire comprendre au cœur de celui qui va vous être uni que ces qualités ne sont pas des vertus d'un jour et qu'il trouvera dans leur origine et dans leur durée un motif encore plus puissant à l'amour qu'il vous a voué.

Vous avez besoin pour vous de ce gage certain de votre bonheur, car vous quittez votre père, dont la bonté est proverbiale, modèle de loyauté, de jugement droit, de désintéressement et de charité.

Je ne veux pas parler du magistrat intelligent et intègre, qui a remplacé, dans l'œuvre de votre éducation, votre mère trop tôt disparue. Il n'a rien négligé pour faire de vous, — comme de vos frère et sœur, du reste, — une créature achevée. Son affection pour ses enfants devint plus vive, si je puis dire, et il aima en eux tout ce qu'il avait perdu. Pourquoi raconter les secrets de sa tendresse pour vous? Après une affliction qui broie toute une vie, il a renoncé à tout pour se consacrer à ce magnifique sacerdoce. Mais croyez que, dans cette éducation si soignée, votre mère, ange de douceur, était invisible et non absente et qu'elle tenait ses yeux pleins de gloire arrêtés sur les yeux pleins de larmes de son cher époux.

Initiée de bonne heure au dévouement par le sacrifice, vous avez appris le mérite d'une vie occupée et prévoyante, sous la sage et sérieuse inspiration d'une seconde mère, aidée puissamment par l'expérience de ses sœurs, qui rassemblaient sur vous des trésors d'affection.

Ah! tous ces souvenirs ne laissent pas que de m'émouvoir! Et je me refuse à traduire cet intérieur que je connais si bien.

Voilà pourquoi je ne crois pas être téméraire en disant que je suis heureux de pouvoir être, aujourd'hui, l'intermédiaire entre Dieu et vous.

C'est un acte de gratitude que j'accomplis. C'est un moyen d'acquitter une part de ma reconnaissance, en suppliant le Seigneur, d'où descend tout don parfait de faire pleuvoir sa rosée qui vous soutienne dans le pèlerinage de la vie. Je suis content, plus que je ne puis dire, d'être placé sur votre chemin pour vous souhaiter du bonheur.

Je le dois à la confiante affection que votre famille m'a toujours témoignée durant huit ans passés côte à côte, dans ce pays que je quitte à peine et auquel tant de souvenirs précieux me rattachent.

Toutefois ma gratitude personnelle, mes souhaits d'ami sont peu de chose, comparés à ma prière de prêtre qui appelle sur vous la bénédiction divine.

Cette bénédiction, il y a d'autres mains que les miennes qui, en se joignant au-dessus de vos têtes, la sollicitent ardemment : ce sont tous les membres de vos deux familles, présents ou absents, qui, à cette heure si solennelle de votre vie, deviennent autant de témoins visibles ou invisibles de vos serments.

Oh ! je prie Dieu de confirmer nos espérances.

Je lui demande de resserrer de sa main puissante les liens déjà si forts qui vous unissent, d'embellir votre union de toute la félicité qu'on peut attendre sur la terre.

Ces vœux qui partent d'un cœur sincère, je les unis à ceux que forment pour vous tous ceux qui vous entourent. Ensemble, nous les adressons au ciel : ils se réaliseront, car toutes les conditions de bonheur ont présidé à votre mariage.

Oui, mon Dieu, bénissez ces époux de vos bénédictions de choix ! Écoutez-nous dans tout ce que nous vous demandons pour eux.

Que ce jour soit beau ! Que d'autres lui succèdent, si nombreux que nous ne les voyions pas finir ! Qu'ils vivent et qu'ils vieillissent dans une mutuelle affection !

In mutuo amore vivant et senescant !

Ainsi soit-il.

www.ingramcontent.com/pod-product-compliance
Lightning Source LLC
LaVergne TN
LVHW050435060726
842526LV00007B/2601